30.6.1980

Dr. P. Benedikt Probst OSB · Benediktiner-Regel

Dr. P. Benedikt Probst OSB

Benediktiner-Regel

Auszug und
freie Übertragung ins Deutsche

EOS VERLAG ERZABTEI ST. OTTILIEN

Mit Kirchlicher Druckerlaubnis
des Bischöflichen Ordinariats Augsburg vom 4. November 1976.

Schrift: Fotosatz Univers 11/12 Punkt
ISBN 3-88096-029-1
Gesamtherstellung: EOS Druck, 8917 St. Ottilien

Inhaltsübersicht

Geleitwort

Warum dieser Auszug aus der Benediktinerregel in einer freien, verdeutlichenden Übertragung?

Die Frage nach der Regel, die unser Leben bestimmt, bringt uns Benediktiner oft in Verlegenheit. Dem Informationswilligen müßten wir mit der Regel des Hl. Benedikt zugleich eine Menge von Erklärungen geben. Denn in dieser Regel ist manches nur verständlich aus den Verhältnissen ihrer Entstehungszeit vor mehr als 1400 Jahren. Welt und Kirche haben sich inzwischen gewandelt. Manches in dieser Regel wird nicht mehr wörtlich befolgt. Und doch ist es unsere Regel geblieben, Der Geist, in dem die Benediktus-Regel das Leben einer Gemeinschaft ordnet, ist uns auch heute noch kostbare Verpflichtung.

Dieser Auszug will das Wichtige und Bleibende der Regel hervorheben und dem Menschen von heute durch eine freie Übertragung das Verständnis ermöglichen. Dieser Auszug kann auch uns Mönchen helfen, einzelne Sätze der Regel, wie Aphorismen, zum Gegenstand unserer Selbstprüfung und unserer Meditation zu machen. Darum bin ich für diese Arbeit eines jungen Mönches an der alten Benediktus-Regel sehr dankbar.

Sicher, man könnte auch anders auswählen und dadurch andere Akzente setzen. Man könnte auch anders übersetzen und dadurch anders deuten. Vielleicht regt darum auch dieser Versuch an, die ganze Benediktus-Regel in die Hand zu nehmen und sie als Weisung für unser Leben von neuem zu entdecken.

Abtei St. Bonifaz, München und Andechs,
den 3. September 1976 (Fest Gregors I. des Großen)

Karlstraße 34
8000 München 2

Abt Odilo Lechner OSB

Textgrundlage für den Regelauszug

Die Benediktus-Regel: Lateinisch/Deutsch. Hrsg. von Basilius Steidle OSB. — 2. überarbeitete Auflage. — Beuron: Beuroner Kunstverlag (1975). — 211 S., 2 Abb.

Zu Rate gezogen wurde

La Règle de Saint Benoit aujourd'hui: Choix de textes et traduction par R. P. Dom Marie-Louis de Haldat OSB. — Ligugé 1973. — 48 S. (Supplément à la Lettre de Ligugé No. 161, Septembre 1973).

Schriftzitate (grundsätzlich) nach

Das Alte Testament: Einheitsübersetzung der Heiligen Schrift. Hrsg. im Auftrag der Bischöfe Deutschlands, Österreichs, der Schweiz, des Bischofs von Luxemburg und des Bischofs von Lüttich in der Katholischen Bibelanstalt Stuttgart. — Stuttgart: Katholische Bibelanstalt (1974). — 1810 S., 6 Karten.

Das Neue Testament: Einheitsübersetzung der Heiligen Schrift. Hrsg. im Auftrag der Bischöfe Deutschlands, Österreichs, der Schweiz, des Bischofs von Luxemburg und des Bischofs von Lüttich in der Katholischen Bibelanstalt Stuttgart. — 6. Auflage. — Stuttgart: Katholische Bibelanstalt (1975). — 494 S., 2 Karten.

Abkürzungen

Abkürzungen aus dem Alten Testament (AT) und dem Neuen Testament (NT):

Apg	Die Apostelgeschichte (NT)
Ez	Das Buch Ezechiel (AT)
Gen	Das Buch Genesis (AT)
Joh	Das Evangelium nach Johannes (NT)
1 Joh	Der 1. Brief des Johannes (NT)
1 Kor	Der 1. Brief an die Korinther (NT)
2 Kor	Der 2. Brief an die Korinther (NT)
Lk	Das Evangelium nach Lukas (NT)
Mk	Das Evangelium nach Markus (NT)
Mt	Das Evangelium nach Mattäus (NT)
Offb	Die Offenbarung des Johannes (NT)
1 Petr	Der 1. Brief des Petrus (NT)
Phil	Der Brief an die Philipper (NT)
Ps	Die Psalmen (AT)
Röm	Der Brief an die Römer (NT)
1 Sam	Das 1. Buch Samuel (AT)
Sir	Das Buch Jesus Sirach (AT)
Spr	Das Buch der Sprichwörter (AT)
1 Thess	Der 1. Brief an die Thessalonicher (NT)
1 Tim	Der 1. Brief an Timotheus (NT)
2 Tim	Der 2. Brief an Timotheus (NT)

(Zitierweise: Ps 119,8 bedeutet Psalm 119, Vers 8.)

Sonstige Abkürzungen:

f, ff	folgende
Pr	Prolog (Vorrede) der Benediktiner-Regel
S.	Seite
vgl.	vergleiche

Der heilige Benedikt und die Benediktiner-Regel

BENEDIKT (von Nursia), Patriarch des abendländischen Mönchtums:
Geboren in der 2. Hälfte des 5. Jahrhunderts, gestorben spätestens gegen 560. Nach der Überlieferung aus Nursia (Apennin) gebürtig. Studium in Rom, Einsiedler, Mönch, Klostergründer (zuletzt Montecassino). Aus dem Leben Benedikts berichtet Gregor I. der Große (Papst 590—604) im 2. Buch der »Dialoge«.

Zeit und Ort der Abfassung der REGEL sind unbekannt. Hauptquellen der Regel sind die Heilige Schrift (Altes und Neues Testament), die Kirchenväter, die Mönchsväter, ältere Mönchsregeln. Grundlegende Handschriften für die Regelausgaben sind Codex Oxoniensis Hatton 48 (um 700/710), und Codex Sangallensis 914 (um 817).

Die Kapitel der Regel

(Verzeichnis der hier vorgelegten Kapitel bzw. Kapitelauszüge)

Prolog (Vorrede)

1 HÖRE, auf dem Weg zu Gott, die Lehren des Meisters.
Höre mit dem Ohr deines Herzens.
Wie ein Sohn nimm die Worte des geistlichen Vaters auf.
Setze die Worte in Taten um.
2 Dann wirst du durch Gehorsam, der nicht leicht ist, dorthin zurückkehren,
von wo du durch Ungehorsam und Trägheit des Herzens
abgekommen bist.

3 Meine Worte richten sich an dich,
— wenn du dich nicht mehr deiner Selbstgefälligkeit überlassen magst,
— wenn du dich einordnest in den (Kriegs-)Dienst unseres Herrn Jesus Christus,
— wenn du die Waffe des Gehorsams ergreifst.
4 Du willst das Gute tun.
Dann bitte Gott von Herzen, er möge es vollenden.
Nur Gott kann das.
5 Gott zählt uns jetzt schon zu seinen Söhnen.
Betrüben wir ihn nicht.
6/7 Gott hat uns von seinen Gaben gegeben.
Ihm sind wir im Gehorsam verpflichtet.
Sonst könnte er uns wie ein Vater enterben
oder wie ein Vorgesetzter strafen.

8 JETZT müssen wir aufwachen und aufstehen.
Das Schriftwort weckt uns:
»Die Stunde ist gekommen, vom Schlaf aufzustehen« (Röm 13,11).
9 Wenden wir unsere Augen dem Licht Gottes zu
und das aufmerksam gewordene Ohr
der unentwegt mahnenden Stimme Gottes.
10 »Verhärtet euer Herz nicht« (Ps 95,8).
11 »Wer Ohren hat, der höre, was der Geist den Kirchen sagt« (Offb 2,7).
12 »Kommt, ihr Kinder, hört mir zu!
Ich will euch in der Furcht des Herrn unterweisen« (Ps 34,12).
13 »Geht euren Weg, solange ihr das Licht habt,
damit euch nicht die Finsternis überfällt«
(Joh 12,35).

14 Inmitten aller Völker und Nationen RUFT der Herr.
Allüberall sucht er seine Arbeiter mit den Worten:

15 Wer will das Leben?
Wer sucht das Glück? (vgl. Ps 34,13)

16 Du hörst es?
Du sagst: Ich!
So wendet sich Gott dir zu mit den Worten:

17 Wenn du das echte und unvergängliche Leben suchst, dann
»bewahre deine Zunge vor Bösem
und deine Lippen vor falscher Rede!
Meide das Böse, und tu das Gute;
suche Frieden, und jage ihm nach!« (Ps 34,14-15).

18 Wenn du TUST, was Gott sagt,
— dann ruhen seine Augen auf dir,
— dann hat er ein Ohr für dich,
— dann sagt er schon im voraus: »Hier bin ich«.
19 Brüder, was macht mehr Freude, als die einladende Stimme des Herrn?
20 Gott ist gut.
Er zeigt uns den Weg zum Leben.

21 GLAUBEN brauchen wir und die Werke des Glaubens.
Nur so schreiten wir auf dem Weg des Herrn
nach der Weisung seiner Frohbotschaft.
Nur so verdienen wir dereinst den Herrn zu schauen,
der uns in sein Reich berufen hat.
22 In den guten WERKEN müssen wir eifrig sein,
sonst kommen wir dort nie an.
23 Fragen wir den Herrn noch einmal:
»Herr, wer darf Gast sein in deinem Zelt,
wer darf weilen auf deinem heiligen Berg?« (Ps 15,1)
24 Hören wir, Brüder, was der Herr wegweisend sagt:
25–27 »Der makellos lebt und das Rechte tut;
der von Herzen die Wahrheit sagt
und mit seiner Zunge nicht verleumdet;
der seinem Freund nichts Böses antut
und seinen Nächsten nicht schmäht« (Ps 15,2-3).
28 Der den Einflüsterungen des bösen Geistes
aus der Mitte seines Herzens widersteht
und sie mit dem Blick auf Christus zunichte macht.

29 Der gottesfürchtig ist.
Der sich nicht seine eigenen Werke zugute hält.
Der überzeugt ist, daß er aus sich selbst nichts vermag.

30 Der mit dem Psalmisten den Herrn lobpreist, welcher in ihm wirkt:

»Nicht uns, o Herr, bring zu Ehren,
nicht uns, sondern deinen Namen« (Ps 115,1).

31 Paulus schreibt sich selber ja auch nichts zu:

»Durch Gottes Gnade bin ich, was ich bin« (1 Kor 15,10).

32 »Wer sich aber rühmt, rühme sich des Herrn« (2 Kor 10,17).

33/34 Der Herr sagt selbst in seiner Frohbotschaft:

»Wer diese meine Worte hört und danach handelt, ist wie ein kluger Mann,
der sein Haus auf einen Felsen baute.
Als nun ein Wolkenbruch kam
und die Wassermassen heranfluteten,
als die Stürme tobten und an dem Haus rüttelten,
da stürzte es nicht ein;
denn es war auf einen Felsen gebaut« (Mt 7,24-25).

35 Das sind die Worte des Herrn.
Der Herr erwartet nun Tag für Tag Antwort auf sein Wort durch unser Werk.

36 Gott gibt uns Zeit zur Besserung.
Immer noch.
Gott wartet:

37 »Weißt du nicht, daß Gottes Güte dich zur Umkehr treibt?« (Röm 2,4)

38 Gott ist Güte:
»Ich habe kein Gefallen am Tod des Schuldigen,
sondern daran, daß er seinen bösen Weg verläßt
und umkehrt und am Leben bleibt« (Ez 33,11).

39 Meine Brüder:
Nun wissen wir, was wir zu tun haben,
als Bewohner des Hauses des Herrn.
TUN wir unsere Pflicht!
40 Bereiten wir Herz und Leib für unseren Dienst:
zu heiligem Gehorsam.
41 Was wir aus uns nicht vermögen,
das erbitten wir vom Herrn.
42-44 Noch ist Zeit.
Noch können wir dem Untergang entrinnen und
das ewige Leben erlangen.
Wir müssen aber jetzt unsere Pflicht tun.
Jetzt müssen wir eilen und ins Werk setzen,
was für die Ewigkeit nützt.

45 In diesem Sinne wollen wir
eine SCHULE für den Dienst des Herrn errichten.
46 Wir wollen nichts Hartes, nichts Schweres anord-
nen.
47 Sollte aus gerechtem Grund,
zur Läuterung von Fehlern,
zur Bewahrung der Liebe zu Gott und zum Näch-
sten,
einiges strenger sein als erwartet,
48 so fliehe nicht verschreckt
von diesem Weg des Heils,
der zu Beginn nicht sehr ausgetreten ist.

49 Schreitet man aber voran,
nach Art der Mönche und im rechten Glauben,
so wird das Herz weit.
Man läuft auf dem Weg der Gebote in die Liebe Gottes hinein.
50 Darum wollen wir uns der Leitung durch Gott nie mehr entziehen,
wollen in der rechten Lehre bis zum Tode im Kloster aushalten,
wollen in Geduld an den Leiden Christi Anteil haben.
Nur so verdienen wir,
Miterben der Herrlichkeit des Herrn Jesus Christus zu sein.
(Amen)

Kapitel 1

Die Arten der Mönche

1 Vier Arten von Mönchen kann man unterscheiden:
2 Die einen leben in einer MÖNCHSGEMEINSCHAFT im Kloster
unter Regel und Abt.
3 Die anderen, die EINSIEDLER, leben je für sich in der Einsamkeit.
Sie sind keine Neulinge im geistlichen Leben.
Sie haben sich im Kloster schon bewährt.
4 Durch den Zuspruch der Mitbrüder geformt, haben sie gelernt,
dem bösen Geist zu widerstehen.
5 Sie sind Einzelkämpfer.
Sie verstehen es, außerhalb des klösterlichen Kampfverbands,
völlig auf sich gestellt,
mit Gottes Hilfe ihrer Angefochtenheit zu widerstehen.
6 Die dritten, die REGELLOSEN, sind eine verabscheuungswürdige Art.
Sie sind nicht durch eine Regel und entsprechende Erfahrungen
gestählt worden.
Weich wie Blei,
7 sind sie nach wie vor der Welt ergeben
und machen Gott vor, sie seien Mönche.

8 Einzeln oder zu mehreren, ohne Abt, ohne Kloster,
sind sie in sich selbst gefangen.
Ihre Laune ist ihnen Gesetz.
9 Was sie sich einbilden und was sie vorziehen,
ist ihnen heilig.
Was ihnen nicht paßt,
halten sie ganz einfach für unerlaubt.
10 Die vierten, die ORTLOSEN, ziehen ihr Leben lang durch die Welt
und bleiben in den Klöstern jeweils einige Tage zu Gast.
11 Immer unstet, nie beständig,
ausgeliefert ihrem Egoismus und dem Zeitgeist,
sind diese Ortlosen allesamt schlimmer als die Regellosen.
12 Schweigen wir von der Erbärmlichkeit
solchen »Mönchswandels«.

13 Gehen wir besser daran,
mit Gottes Hilfe den Mönchen,
die im Kloster unter Regel und Abt leben wollen,
eine rechte Ordnung vorzulegen.
Denn: Diesen Mönchen gehört die Zukunft.

Kapitel 2

Wie der Abt sein soll

1 Ein rechter Abt soll immer daran denken,
daß Abt »VATER« heißt.
Sein Tun erweise ihn als würdigen »Oberen«.
2 Im Glauben des Mönches vertritt der Abt Christus, den Herrn.
3 Paulus sagt:
»Ihr habt den Geist empfangen,
der euch zu Söhnen macht,
den Geist, in dem wir rufen: Abba, ,Vater'« (Röm 8,15).

4 Also darf der Abt nichts lehren, einrichten oder befehlen,
was wider das Evangelium ist.
5 Was er befiehlt und lehrt, das dringe vielmehr
wie der SAUERTEIG der Frohbotschaft Jesu Christi
in das Herz der Mönche.
6 Das jüngste Gericht wird sich damit befassen,
was und wie der Abt gelehrt hat
und wie der Gehorsam der Mönche war.
7 Es wird den Hirten treffen,
wenn die Herde mager ist und nichts taugt.
8/9 Der Abt geht aber frei,
wenn er unruhigen und ungehorsamen Mönchen
alle Mühe zuwandte und ihrem üblen Tun angemessen begegnete:

»Deine Gerechtigkeit verberge ich nicht im Herzen,
ich spreche von deiner Treue und Hilfe« (Ps 40,11).
»Sie aber verachteten und verschmähten mich«.
10 Den ungehorsamen Mönchen ist ihr Ende vorgezeichnet.

11 Wer sich »Abt« nennen läßt,
muß seinen Mönchen in zweierlei Weise VORANGEHEN:
12 Er sei ein Mann der Tat, noch mehr als der Worte.
Die Weisung des Herrn lege er dar,
dem Verständigen im Wort, dem Unverständigen im Beispiel.
13 Er selbst tue nicht, was er zu meiden lehrt;
der Mahner wird sonst zum Gemahnten
14 und Gott spricht zum Frevler:
»Was zählst du meine Gebote auf
und nimmst meinen Bund in deinen Mund?
Dabei ist Zucht dir verhaßt,
meine Worte wirfst du hinter dich«
(Ps 50,16-17).
15 »Warum siehst du den Splitter im Auge deines Bruders,
aber den Balken in deinem Auge beachtest du nicht?« (Mt 7,3)

16 Der Abt entscheide im Kloster nicht nach Ansehen der Person;
17 er finde denn bei einem mehr gute Werke und mehr Gehorsam.

18/19 Jeder habe den ihm zukommenden Platz;
es sei denn, der Abt verfügt anders über die Rangordnung,
— aus vernünftigem Grund, — aus Gerechtigkeit.

20 In Christus sind wir alle eins und gleich.
Wir alle leisten unter dem gleichen Herrn
den gleichen (Kriegs-)Dienst.
»Bei Gott gibt es keinerlei Bevorzugung« (Röm 2,11).

21 Es sei denn, wir sind in guten Werken voran
und in der Demut.

22 Darum begegne der Abt allen in gleicher FREUNDLICHKEIT.
Er behandle alle gleich, — aber nach Verdienst.

23 Im Umgang mit den Mönchen lasse sich der Abt
vom Wort des Apostels leiten:
»Weise zurecht, tadle, ermahne,
in unermüdlicher und geduldiger Belehrung!«
(2 Tim 4,2)

24 Je nach Umständen zeige er Strenge oder Milde:
Die Härte des MEISTERS, die Güte des VATERS.

25 Ungehorsame und Unruhige muß er härter anfassen.
Gehorsame, Ruhige und Verständige muß er aufmunternd weiterführen.
Nachlässige und Regelverächter muß er nachdrücklich darauf ansprechen
und zur Besserung veranlassen.

26 Ernste Vergehen übergehe er keinesfalls.
Er fasse sie sofort bei der Wurzel und rotte sie aus,
so gut er vermag.

Sonst wird ihm Gott das Haus veröden
und ihn selbst in Schande bringen (vgl. 1 Sam 2,22-36).
27 Feinfühlige und Einsichtige
weise er ein- oder zweimal mit Worten zurecht.
28 Über Bösartige, Hartnäckige, Überhebliche und Ungehorsame
verhänge er unverzüglich empfindliche Strafen:
»Der Tor wird durch Worte nicht besser«.

30 Der Abt halte sich immer vor Augen,
was er ist,
wie er genannt wird.
Er wisse:
»Wem viel ANVERTRAUT wurde,
von dem wird umso mehr verlangt werden«
(Lk 12,48).
31 Schwer und mühevoll ist sein Amt:
Der Eigenart des einzelnen gerecht werden,
zum Mönchsleben anleiten,
— mit Güte, mit Vorhaltungen, mit Zureden,
32 je nach Veranlagung und Fassungskraft des einzelnen,
sich anpassend, sich zuneigend,
— damit kein Schaden entsteht,
— damit die Klostergemeinde gedeiht.

33 Das Seelenheil der ihm anvertrauten Mönche
darf der Abt nicht hintansetzen
oder gar geringschätzen,
— um vergänglicher, weltlicher und niedrigerer Dinge willen.

34 Die Anleitung von Seelen hat er übernommen.
Darüber wird er RECHENSCHAFT ablegen müssen.
35 Es diene ihm nicht das etwa dürftige Klostervermögen als Vorwand:
»Euch soll es zuerst um das Reich Gottes und seine Gerechtigkeit gehen;
dann wird euch alles andere dazugegeben« (Mt 6,33).
36 »Wer Gott fürchtet, leidet keinen Mangel« (Ps 34,10).
37 Und noch einmal:
Wer die Anleitung von Seelen übernimmt,
wird darüber Rechenschaft geben müssen.
38 Mag auch die Zahl der Mönche groß sein,
über jeden einzelnen muß der Abt am Tag des Gerichts
Rechenschaft ablegen
— und über seine eigene Seele dazu.
39 So halte sich der Abt immer die Rechenschaft vor Augen,
die er über seine Mönche ablegen muß.
Er trägt Sorge um sich,
wenn er sich um andere sorgt.
40 Andere bessernd,
wird er selber besser.

Kapitel 3

Die Mitbrüder sollen zur Beratung zugezogen werden

1 In wichtigen Angelegenheiten rufe der Abt die ganze Klostergemeinde zusammen
und stelle den Sachverhalt dar.
2 Er HÖRE den Ratschlag der Brüder.
Er ERWÄGE die Sache bei sich.
Er TUE, was nach seinem Urteil für die Klostergemeinde das Nützlichste ist.
3 Alle sollen zur Beratung zugezogen werden.
Denn oft zeigt Gott einem jüngeren Mönch,
was in der Sache das Beste ist.

4 Der RATSCHLAG der Brüder sei schlicht und gerade.
Niemand sei rechthaberisch.
5 Die Entscheidung in der Sache bleibt beim Abt.
Was nach seinem Urteil besser,
verdient den Gehorsam aller.
6 Der Mönch gehorcht.
Der Abt trägt Sorge und ordnet.

7 Allen ist in allem die Regel RICHTSCHNUR.
Keiner weiche leichtfertig von der Regel ab.
8 Keiner im Kloster folge dem eigenen Sinn.
9 Keiner streite mit dem Abt,
weder im Kloster noch außerhalb.

11 Der Abt handle in Gottesfurcht,
unter Beachtung der Regel.
Darüber wird er vor Gott Rechenschaft geben müssen.

12 In einfacheren Sachen ziehe der Abt die Älteren zu Rate:
13 »Tue alles mit RAT, so brauchst du nach der Tat nichts zu bereuen.«

Kapitel 4

Was man für das Leben im Kloster einüben muß

1 Zu allererst:
»GOTT lieben von ganzem Herzen und ganzer Seele
und mit all deiner Kraft« (Mk 12,30).
2 Und dann:
»Deinen NÄCHSTEN lieben wie dich selbst« (Mk 12,30).

3 Und dann:
Niemand umbringen.
4 Nicht ehebrechen.
5 Nicht stehlen.
6 Nicht gierig sein.
7 Kein falsches Zeugnis abgeben.
8 Jedem Menschen seine Ehre geben.
9 Was einem selbst zuwider, — keinem anderen antun.
10 Von sich selbst absehen und Christus nachfolgen.
11 Den Leib beherrschen.
12 Die Sinne zügeln.
13 Gern fasten.
14 Armen helfen.
15 Bedürftige kleiden.
16 Kranke aufsuchen.
17 Tote bestatten.

18 In Not beistehen.
19 Schmerzen lindern.
20 Von rein weltlichen Geschäften sich abwenden.
21 Gar nichts der Liebe Christi vorziehen.
22 Den Zorn nicht ins Werk setzen.
23 Auf den Groll keine Zeit verschwenden.
24 Nicht Arglist im Herzen hegen.
25 Nicht falschen Frieden schließen.
26 Die christliche Liebe bewahren.
27 Nicht schwören.
28 Die Wahrheit aus Herz und Mund sprechen lassen.
29 Dem Bösen nicht Böses entgegensetzen.
30 Nicht Unrecht tun.
Erlittenes Unrecht geduldig aushalten.
31 Auch den Feind wertschätzen.
32 Auf Fluch nicht widerfluchen, — eher segnen.
33 Verfolgung um der Gerechtigkeit willen in Kauf nehmen.
34 Kein Stolz.
35 Keine Trunksucht.
36 Keine Freß-Sucht.
37 Keine Schlafsucht.
38 Keine Faulheit.
39 Kein Murren.
40 Keine Verleumdung.
41 Alle Hoffnung Gott zuwenden.
42 Alles Gute in uns Gott zuschreiben.
43 Alles Böse in uns als eigen erkennen.
44 Den Tag des Gerichts fürchten.
45 Vor der Hölle zurückschrecken.
46 An nichts lieber denken als an das ewige Leben.
47 Den Tod täglich vor Augen haben.

48 Sich selber allzeit im Auge behalten.
49 Gott allerorts wissen.
50 Aus dem Herzen aufsteigende böse Gedanken
sogleich vor Christus tragen
und dem geistlichen Vater offenbaren.
51 Nichts Böses, nichts Verkehrtes reden.
52 Nicht gerne viel reden.
53 Mit Worten nicht Unfug treiben.
54 Nicht zu oft und nicht gar so laut lachen.
55 Geistliche Lesung gern haben.
56 Viel beten.
57 Sich von eigenen Übeltaten abwenden.
58 Sich in Zukunft bessern.
59 Dem Begehren des Fleisches nicht nachgeben.
60 Eigenwilligkeit von sich weisen.
61 Dem Abt gehorchen, auch wenn er selber anders handelt:

»Tut und befolgt alles, was sie euch sagen.
Nach ihren Taten aber richtet euch nicht« (Mt 23,3).

62 Heilig sein,
— nicht bloß heilig heißen wollen.
63 Die Gebote Gottes halten.
64 Die Keuschheit lieben.
65 Keinen Menschen hassen.
66 Keine Eifersucht haben.
67 Nichts aus Neid tun.
68 Auseinandersetzungen nicht suchen.
69 Überheblichkeit fliehen.
70 Den älteren Mitbrüdern die Ehre geben.
71 Die jüngeren Mitbrüder wertschätzen.
72 Angesichts der Liebe Christi für die Feinde beten.

73 Zwietracht vor Sonnenuntergang beheben.
74 Und nicht zuletzt:
Nie und nimmer an der Barmherzigkeit Gottes verzweifeln.

75 Das alles muß man ÜBEN für das Leben im Kloster.
76 Das müssen wir Tag und Nacht
ohn' Unterlaß tun
– bis zum Tag des Gerichts.
Dann erhalten wir den verheißenen Lohn:
77 »Was kein Auge gesehen und kein Ohr gehört hat:
wie Großes Gott denen bereitet hat,
die ihn lieben« (1 Kor 2,9).
78 Der Ort unserer Einübung ist das Kloster,
bei Beständigkeit in der mitbrüderlichen Gemeinschaft.

Kapitel 5

Der klösterliche Gehorsam

1 UNVERZÜGLICHER GEHORSAM ist die höchste Stufe der Demut.
2 Er ist Sache von Mönchen,
die Christus nichts vorziehen,
3 sei es
— wegen des Versprechens zum Herrendienst,
— wegen der Furcht vor der Hölle,
— wegen der verheißenen Herrlichkeit im ewigen Leben.
4 Solche Mönche handeln unverzüglich,
— als habe Gott selbst befohlen:
5 »Sobald sie mich nur hören, gehorchen sie« (Ps 18,45).
6 »Wer euch hört, der hört mich« (Lk 10,16).
7.8 Unverzüglich heißt:
Sich an nichts klammern, alle eigenen Pläne lassen,
alles aus der Hand legen, von der Arbeit aufstehen,
— kurz: Dem Befehl die Tat auf dem Fuß folgen lassen.
9 Im Blick auf Gott
folgen in Sekundenschnelle Befehl und Ausführung aufeinander.

10 Solche Mönche zeigen,
daß sie auf das ewige Leben zugehen.
11 Sie wählen den schmalen, den schwierigen WEG:

»Der Weg ist schmal, der zum Leben führt« (Mt 7,14).

12 Sie leben nicht nach eigenem Urteil,
gehorchen nicht ihren eigenen Wünschen,
nicht ihrem eigenen Verlangen.
Sie schreiten voran nach Ermessen und Befehl anderer.
Sie leben in klösterlicher Gemeinschaft
und wollen einen Abt über sich gestellt haben.

13 Sie sagen sich mit dem Herrn Jesus Christus:
»Ich bin nicht gekommen, um meinen Willen zu tun,
sondern um den Willen dessen zu tun, der mich gesandt hat« (Joh 6,38).

14 Dieser Gehorsam ist Gott annehmbar
und den Menschen vorbildlich,
wenn er nicht zögernd, nicht säumig,
nicht mit halbem Herzen, ohne offenen Widerspruch geschieht.

15 Gehorsam gegen Obere ist Gehorsam gegen Gott:
»Wer euch hört, der hört mich« (Lk 10,16).

16 Zum Gehorsam gehört die rechte GESINNUNG, denn
»Einen fröhlichen Geber liebt Gott« (2 Kor 9,7).

17/18 Böse Gesinnung und Murren im Herzen
finden kein Gefallen vor Gott,
— auch wenn man gehorcht.
Gott sieht ins Herz.

19 Solcher Gehorsam ist ohne Lohn.
Der Murrer verfällt der Strafe,
wenn er nicht Buße tut und sich bessert.

Kapitel 6

Das klösterliche Schweigen

1 Wir wollen es mit dem Psalmisten halten:
»Ich will auf meine Wege achten,
damit ich nicht sündige mit meiner Zunge.
Ich lege meinem Mund einen Zaum an . . .
so blieb ich stumm und STILL« (Ps 39,2-3).
»Ich verdemütigte mich und schwieg vom Guten.«
2 Wenn man wegen des Schweigens gute Rede läßt,
um wieviel mehr muß man böse Rede lassen.
3 Wegen der Gewichtigkeit des klösterlichen Schweigens
soll man dem Mönch nur gelegentlich Erlaubnis zu Gesprächen geben,
— selbst zu guten, frommen, weiterführenden Gesprächen.
4 Denn:
»Bei vielem Reden bleibt die Sünde nicht aus« (Spr 10,19).
5 »Tod und Leben stehen in der Macht der Zunge« (Spr 18,21).

6 Reden und lehren soll der MEISTER.
Schweigen und hören soll der SCHÜLER.
7 Hat man etwas zu fragen,
begegne man dem Oberen mit Bescheidenheit und Ehrerbietung.

8 Zweideutigkeiten, leeres GESCHWÄTZ und lächerliches Gerede
wollen wir im Kloster absolut nicht hören.
Dazu öffne der Mönch erst gar nicht den Mund.

Kapitel 7

Die klösterliche Demut

1 Die Demut wollen wir so verstehen:
»Wer sich selbst erhöht, wird erniedrigt,
und wer sich selbst erniedrigt, wird erhöht werden« (Mt 23,12).
2 Jede SELBSTERHÖHUNG ist Stolz.
3 Davor muß man sich hüten.
»Herr, mein Herz ist nicht stolz, nicht hochmütig blicken meine Augen.
Ich gehe nicht um mit Dingen,
die mir zu wunderbar und zu hoch sind« (Ps 131,1).
4 Gott könnte sonst den Stolzen von sich stoßen.

5-7 Durch ein demütiges Leben gelangt man zur ewigen Seligkeit.
Zur wahren DEMUT DES MÖNCHES steigt man auf,
wenn man durch Werke der Demut die »Jakobsleiter« (vgl. Gen 28,12) aufrichtet.
Durch Selbsterhöhung aber steigt man abwärts.
8 Unser Mönchsleben ist wie eine solche Leiter,
von Gott himmelwärts gerichtet, wenn das Herz demütig.
9 Holme der Leiter sind Leib und Seele.
Sprossen der Leiter sind die Stufen
der klösterlichen Demut und der klösterlichen Zucht.

10/11 1. Stufe der Demut:
Der Mönch hat GOTTESFURCHT.
Er vergißt nicht:
Gott straft die Gottesverächter
und belohnt die Gottesfürchtigen.
12 So hütet er sich vor Sünden und Fehlern
in Gedanken, Worten und Werken,
vor Eigenwilligkeit, vor Fleischeslust.
13 Gott sieht alles.
14 »Gott, der du auf Herz und Nieren prüfst« (Ps 7,10).
15 »Der Herr kennt die Gedanken der Menschen« (Ps 94,11).

16 »Du durchschaust meine Gedanken von weitem.«
17 »Das Denken des Menschen ist dir bekannt.«
18 Ein rechter Mönch sagt in seinem Herzen:
»Dann bin ich makellos vor Gott,
wenn ich mich vor meiner Bosheit hüte«.
19 Eigenwilligkeit ziemt uns nicht: Denn
»von deinen Gelüsten halte dich fern!« (Sir 18,30)
20 Und:
»Dein Wille geschehe« (Mt 6,10).

21 Hüten wir uns also vor der Eigenwilligkeit.
»Manch einen dünkt sein Weg der rechte,
aber am Ende sind es Wege des Todes« (Spr 16,25).
22 »Verderbt sind sie und abscheulich geworden sind sie in den Regungen ihres Willens.«
23 Gott sieht auch das Begehren des Fleisches:
»Du weißt um all mein Begehren«.

24 Hüte dich vor böser Begierde:
Der Tod steht an der Schwelle zur Lust.
25 »Folge nicht deinen Begierden« (Sir 18,30).
26 Es steht fest:
»An jedem Ort sind die Augen des Herrn,
sie wachen über Gute und Böse« (Spr 15,3).
27 »Der Herr blickt vom Himmel herab auf die Menschen,
ob noch ein Verständiger da ist, der Gott sucht« (Ps 14,2).
28 Und auch die Engel haben auf uns acht.
29 Gott darf uns darum nie
»abtrünnig und verdorben« (Ps 14,3) vorfinden.
30 Noch schont uns Gott,
weil er gütig ist und auf unsere Besserung hofft.
Er soll nicht dereinst sagen müssen:
»Das hast du getan – und ich soll schweigen?« (Ps 50,21)

31 2. Stufe der Demut:
Der Mönch liebt nicht EIGENWILLIGKEIT.
Er stellt nicht die eigenen Wünsche in den Vordergrund.
32 Der Herr gibt das Beispiel:
»Ich bin nicht vom Himmel herabgekommen,
um meinen Willen zu tun,
sondern um den Willen dessen zu tun,
der mich gesandt hat« (Joh 6,38).
33 Es heißt auch:
Eigenwilligkeit führt ins Verderben;
auf andere hören, bringt Gewinn.

34 3. Stufe der Demut:
Der Mönch ist aus Liebe zu Gott dem Oberen GEHORSAM
und folgt dem Herrn Jesus Christus nach, der
»gehorsam bis zum Tod« (Phil 2,8)
geworden ist.

35 4. Stufe der Demut:
Der gehorsame Mönch bewahrt in bewußtem Schweigen
die GEDULD in harten und widrigen Angelegenheiten,
auch bei zugefügter Beleidigung.
36 Er hält durch und läuft nicht weg.
»Wer aber bis zum Ende standhaft bleibt,
der wird gerettet« (Mt 10,22).
37 »Hab festen Mut, und hoffe auf den Herrn!« (Ps 27,14)
38 Es gilt, um des Herrn willen,
alles zu ertragen, auch widrige Dinge:
»Um deinetwillen werden wir getötet Tag für Tag,
behandelt wie Schafe,
die man zum Schlachten bestimmt hat« (Ps 44,23; vgl. Röm 8,36).
39 Freudig soll man der Vergeltung durch Gott entgegenhoffen:
»Doch all das überwinden wir durch den,
der uns geliebt hat« (Röm 8,37).
40 »Du hast, Gott, uns geprüft,
und uns geläutert, wie man Silber läutert.
Du brachtest uns in schwere Bedrängnis

und legtest uns eine drückende Last auf die Schulter« (Ps 66,10-11).

41 Was die Oberen angeht, so soll man bedenken:
»Du ließest Menschen über unsere Köpfe schreiten« (Ps 66,12).

42 In Geduld muß man die Gebote halten,
auch in Dingen, die einem zuwider,
auch bei Beleidigungen.
»Wenn dich einer auf die rechte Backe schlägt,
dann halte ihm auch die andere hin.
Und wenn dir einer das Hemd wegnehmen will,
dann laß ihm auch den Mantel.
Und wenn dich einer zwingen will,
eine Meile mit ihm zu gehen,
dann geh zwei mit ihm« (Mt 5,39-41).

43 Ertrage falsche Brüder,
segne, die dir fluchen.

44 5. Stufe der Demut:
Der Mönch BEKENNT böse Gedanken und heimliche Fehler
in Demut dem Abt.

45 »Offenbare dem Herrn deinen Weg und vertrau auf ihn.«

46 »Bekennt dem Herrn; denn er ist gut;
denn sein Erbarmen währt ewig.«

47 »Da bekannte ich dir meine Sünde
und verbarg nicht länger meine Schuld vor dir« (Ps 32,5).

48 »Ich sagte: Ich will dem Herrn meine Frevel bekennen.
Und du hast mir die Schuld vergeben« (Ps 32,5).

49 6. Stufe der Demut:
Der Mönch ist mit allem ZUFRIEDEN.
Er nimmt sich nicht wichtig.
50 »Ich war töricht und ohne Verstand,
war wie ein Stück Vieh vor dir.
Ich aber bleibe immer bei dir,
du hältst mich an meiner Rechten« (Ps 73,22-23).

51 7. Stufe der Demut:
Der Mönch bekennt vor allem von sich selbst,
daß er NICHT BESSER ist als die anderen,
52 — in aller Demut:
»Ich aber bin ein Wurm und kein Mensch,
der Leute Spott, vom Volk verachtet« (Ps 22,7).
53 »Gebeugt bin ich
und todkrank von früher Jugend an« (Ps 88,16).
54 »Daß ich gedemütigt wurde, war für mich gut,
denn so lernte ich deine Gesetze« (Ps 119,71).

55 8. Stufe der Demut:
Der Mönch tut eigentlich nur,
was REGEL und Beispiel der Väter sagen.

56 9. Stufe der Demut:
Der Mönch redet nicht unnötig.
Er SCHWEIGT.
Gefragt, antwortet er.
57 »Bei vielem Reden bleibt die Sünde nicht aus« (Spr 10,19).
58 »Der Verleumder soll nicht bestehen im Land« (Ps 140,12).

59 10. Stufe der Demut:
Der Mönch neigt nicht leicht und sofort zum LACHEN:
»Der Tor lacht mit lauter Stimme,
(der Kluge aber lächelt kaum leise)« (Sir 21,20).

60 11. Stufe der Demut:
Der Mönch spricht RUHIG, nicht spöttisch,
bescheiden, sachlich, kurz und bündig,
nicht mit erhobener Stimme.
61 »Der Weise weist sich durch wenige Worte aus.«

62 12. Stufe der Demut:
Der Mönch zeigt die Demut des Herzens
auch in der äußeren HALTUNG.
63 Wo auch immer: Er halte das Haupt gesenkt.
64 Er weiß sich als Sünder:
65 »Herr, ich bin nicht würdig,
meine Augen zum Himmel zu erheben«
(vgl. Lk 18,13).
66 »Ich bin gekrümmt und tief gebeugt« (Ps 38,7).

67 Wenn der Mönch alle Stufen der Demut ersteigt,
kommt er bald zu der GOTTESLIEBE,
von der es heißt:
»Die vollkommene Liebe vertreibt die Furcht«
(1 Joh 4,18).
68 In Liebe tut er jetzt ohne Mühe das,
worum er sich vorher ängstlich mühte,
— in Übung ihm zur zweiten Natur geworden.

69 Statt Furcht vor der Hölle
erfüllen ihn Liebe zu Christus,
Treue im Guten, Freude an der Tugend.
70 Das alles wird der Herr durch den Heiligen Geist
gütig an dem Mönch aufweisen,
der frei geworden von seinen Fehlern und Sünden.

Kapitel 8 — 12

Gebetszeiten und Aufteilung der Psalmen
auf die einzelnen Tage der Woche.

Kapitel 13

Die Morgenfeier (Matutin) an gewöhnlichen Tagen

12 Morgen- und Abendfeier (Matutin und Vesper) schließen immer mit dem VATERUNSER, dem Gebet des Herrn,
das der Obere allen vernehmlich spricht.
Das ist notwendig wegen der tagtäglichen kleineren und größeren Ärgernisse.
13 Mögen die Mitbrüder sich durch das
»Erlaß uns unsere Schulden,
wie auch wir sie unseren Schuldnern erlassen« (Mt 6,12)
im Umgang miteinander bessern.

Kapitel 14 — 15
Einzelheiten zum Gottesdienst.

Kapitel 16

Wie der Gottesdienst den Tag über zu halten ist

1 Der Psalmist sagt:
»Siebenmal am Tag singe ich dein Lob« (Ps 119,164).
2 Diese heilige Siebenzahl des GOTTESLOBES bei Tag
verrichten wir morgens (Matutin, bei Sonnenaufgang),
zur Zeit der Prim (6 Uhr), Terz (9 Uhr), Sext (12 Uhr), Non (15 Uhr), Vesper (vor Sonnenuntergang)
und Komplet (vor dem Schlafengehen).
4 Von der Feier der Nachtwachen (Vigil) heißt es:
»Um Mitternacht stehe ich auf,
um dich zu preisen« (Ps 119,62).
5 Zu diesen Zeiten also loben wir unseren Schöpfer
»wegen seiner gerechten Entscheide« (Ps 119,164).

Kapitel 17 — 18
Zahl und Reihenfolge der Psalmen
im Gottesdienst.

Kapitel 19

Das Verhalten beim Psalmensingen

1/2 Gott ist immer da.
»An jedem Ort sind die Augen des Herrn,
sie wachen über Gute und Böse« (Spr 15,3),
besonders beim GOTTESDIENST.
3 »Dient dem Herrn in Furcht« (Ps 2,11).
4 »Spielt ihm ein Psalmenlied« (Ps 47,8).
5 »Ich will dir vor den Engeln singen und spielen« (Ps 138,1).
6/7 Verhalten wir uns darum vor Gott und seinen Engeln
beim Psalmensingen so,
daß Herz, Haltung und Wort in Einklang sind.

Kapitel 20

Die Ehrfurcht beim Gebet

1 Den Mächtigen auf Erden nahen wir uns
in Bescheidenheit und Ehrerbietung.
2 Wieviel mehr verdient der Gott des Weltalls
Demut und EHRFURCHT.
3 Nicht durch viele Worte finden wir Erhörung unseres Gebets,
sondern durch Reinheit des Herzens
und Tränen der Reue.
4 Unser privates stilles Gebet sei kurz und schlicht,
— außer Gott gibt uns die Gabe längeren Gebets.
5 Unser gemeinschaftliches stilles Gebet
sei jedoch immer kurz.

Kapitel 21

Der Prior

(der Höchste nach dem Abt)

und die Dekane

(Abt und Prior nachgeordnete Obere)

3 Es sollen solche Mitbrüder gewählt werden,
auf die der Abt mit Verlaß
einen Teil der Last seines Amts legen kann.
4 Man wähle sie nicht entsprechend der Rangordnung (des Eintritts ins Kloster),
sondern nach LEBENSWANDEL und LEHRWEISHEIT.
5/6 Erweist sich ein Amtsträger als stolz,
werde er bis dreimal ermahnt.
Bessert er sich nicht,
setze man ihn ab und gebe sein Amt einem anderen.

Kapitel 22

Von der Nachtruhe

6 Die Mönche sollen in der Lage sein, unverzüglich auf das Zeichen hin AUFZUSTEHEN und sich zum Gottesdienst zu beeilen.

Kapitel 23

Die Bestrafung von Mönchen

1 Widersetzliche, UNGEHORSAME, Stolze, Murrer,
Verächter von Regel und Weisung der Oberen
2 sollen bis zweimal von den Oberen ermahnt werden.
3 Dann soll man sie im Kreis der Mitbrüder zurechtweisen.
4 Bessern sie sich nicht,
sollen sie der Ausschließung verfallen,
– falls sie diese Strafe begreifen und ermessen können.

Kapitel 24

Die Ausschließung

1 Der Grad der Strafe bemißt sich
nach der Schwere der Verfehlung.
2 Die Schwere der Verfehlung stellt der Abt fest.
3 Bei leichterer Verfehlung wird die Teilnahme am gemeinsamen Tisch entzogen.
4/5 Das Essen erhält der AUSGESCHLOSSENE Mitbruder für sich allein,
nach dem gemeinsamen Essen der anderen.
Beim Gottesdienst darf er weder einen Gesang anstimmen
noch eine Lesung vortragen.
7 Verzeihung erhält er nach angemessener Genugtuung.

Kapitel 25

Die verschärfte Ausschließung

1 Bei schwerer Verfehlung wird der Mitbruder
von gemeinsamem Tisch
und gemeinsamem Gebet AUSGESCHLOSSEN.
2 Kein Mitbruder geselle sich dem Bestraften zu.
Niemand rede mit ihm.
3 Seine Arbeit verrichtet er allein.
Er denke über sich und seine Verfehlung nach,
den strengen Spruch des Apostels Paulus vor Augen:
4 »Diesen Menschen (wollen wir) dem Satan übergeben
zum Verderben seines Fleisches,
damit der Geist am Tag des Herrn gerettet wird«
(1 Kor 5,5).
5 Das Essen, dessen Maß und Stunde der Abt festsetzt,
erhält der Ausgeschlossene allein.
6 Niemand entbiete ihm den mitbrüderlichen Gruß.

Kapitel 26
Erweiterter Tatbestand der Ausschließung.

Kapitel 27

Die Sorge um den Ausgeschlossenen

1 Alle nur denkbare Sorge wende der Abt dem Ausgeschlossenen zu:

> »Nicht die Gesunden brauchen den Arzt,
> sondern die Kranken« (Mt 9,12).

2 Der Abt muß ganz wie ein ARZT vorgehen:
Er schicke zu dem Ausgeschlossenen ältere, verständige Mitbrüder.
Die wirken wie ein Zugpflaster.
3 Sie wirken tröstlich auf den verwirrten Mitbruder,

> »damit der Mann vom Übermaß der Bitterkeit
> nicht überwältigt wird« (2 Kor 2,7),

— und sollen ihn zur Genugtuung anregen.
4 An dem Ausgeschlossenen soll man

> »Liebe walten lassen« (2 Kor 2,8).

Alle sollen für ihn beten.

5 Der Abt muß um den Ausgeschlossenen allergrößte Sorge tragen.
Er muß mit Scharfsinn und Geschicklichkeit vorgehen,
um den Mitbruder nicht zu verlieren,
der ihm von Gott anvertraut ist.

6 Der Abt muß wissen:
Die Sorge für Angefochtene auf dem Weg zu Gott hat er übernommen,
nicht das Kommando über Soldaten.

7 Er erinnere sich an die Drohrede des Propheten Ezechiel:
»Was euch fett erschien, habt ihr für euch genommen.
Was schwach war, habt ihr weggeworfen«. (Vgl. Ez 34,3-4)

8 Vorbild sei dem Abt der gute HIRTE im Evangelium (vgl. Lk 15,4-7; Joh 10,11-15).

9 Voll Mitleid mit der Schwäche des Mitbruders,
nehme er diesen in seine besondere Obhut
und bringe ihn auf den rechten Weg zurück.

Kapitel 28

Die Besserungsunwilligen

1/2 Wurde einer öfter zurechtgewiesen,
ja ausgeschlossen,
und bessert er sich trotzdem nicht,
— verteidigt sich gar überheblich —,
dann sei der Abt wie ein kluger ARZT:
3 Er versuche Linderungsmittel,
Salben der Ermahnung,
Arznei der Heiligen Schrift,
Brenneisen der Ausschließung.
4 Schließlich nehme er Zuflucht zum Gebet,
er und alle Mitbrüder.
5 Der allmächtige Gott bewirke die Heilung des kranken Mitbruders.
6 Tritt keine Heilung ein,
so schreite der Abt zur Amputation; denn:
»Schafft den Übeltäter weg aus eurer Mitte«
(1 Kor 5,13).
7 »Wenn aber der Ungläubige sich trennen will,
soll er es tun« (1 Kor 7,15).
8 Es soll nicht einer alle verderben.

Kapitel 29

Die Wiederaufnahme

1 Wer aus eigenen Stücken das Kloster verlassen hat
und zurückkehrt,
verspreche vorab volle BESSERUNG.
2 Man setze ihn auf den letzten Platz,
um seine Demut zu prüfen.
3 So verfahre man bis zu drei Malen.
Dann ist eine Wiederaufnahme ausgeschlossen.

Kapitel 30

Die Bestrafung Minderjähriger

1 Jede Alters- und Erkenntnisstufe
verlangt ihren eigenen MASS-STAB.

Kapitel 31

Der Zellerar des Klosters
(Verwalter des gemeinschaftlichen Besitzes)

1 Der Zellerar muß sein:
Verständig, gefestigt, nüchtern, mäßig,
einfach, ruhig, geduldig,
freigebig, sparsam,
2 gottesfürchtig,
— den Mitbrüdern wie ein VATER.

3 Er SORGT für alles,
4 tut nichts ohne Auftrag des Abtes
5 und handelt weisungsgemäß.
6 Er verletze keinen:
7 Verlangt einer, was man füglich nicht haben kann,
so zeige der Zellerar ihm keine Verachtung;
er lehne bescheiden ab,
— unter Angabe von Gründen.
8 Der Zellerar achte auf seine eigene Seele:
»Wer seinen Dienst gut versieht,
erlangt einen hohen Rang und große Zuversicht
im Glauben an Christus Jesus« (1 Tim 3,13).
9 Seine besondere Sorge gelte
Kranken, Kindern, Gästen, Armen.
Über alle diese wird er am Tag des Gerichts befragt.
10 Alles, was dem Kloster gehört, soll er hüten,
als ob es Gott gehörte.
11 Nichts darf ihm gleichgültig sein.

12 Der Zellerar handle in allem
nach rechtem Maß und nach Weisung des Abtes:
Er sei kein Geizhals, kein Verschwender,
kein Verschleuderer des Klostervermögens.
13 Bescheidenheit ist die erste Tugend des Zellerars.
Wenn er nichts geben kann,
gebe er ein gutes Wort:
14 »Ist das Wort nicht mehr wert als die Gabe?« (Sir 18,17)

18/19 Man erbitte, was zu erbitten.
Man gebe, was zu geben.
Alles zu seiner Zeit.
Dann wird niemand im Kloster, dem HAUS GOTTES,
mutlos und gekränkt.

Kapitel 32

Der Klosterbesitz

4 Wer mit den Sachen der klösterlichen GEMEIN-
SCHAFT
unsachgemäß oder nachlässig umgeht,
werde zurechtgewiesen.

Kapitel 33

Kein Eigentum für Mönche

1/7 Eines ist im Kloster ganz wichtig:
(Privat-) Eigentum halten wir
für die VERKEHRUNG des schriftgemäßen
Mönchsideals.
2 Nichts geben und nichts nehmen ohne Genehmigung des Abtes.
3 Nichts, aber auch gar nichts,
zum (Privat-) Eigentum haben.
4 Die Mönche verfügen ja auch nicht frei
über ihren Leib und ihre Gedanken.
5 Die Mönche dürfen aber alles,
was zum Leben als Mönch notwendig ist,
vom Abt erwarten.
Man darf nichts haben,
was der Abt nicht gegeben oder nicht erlaubt hat.
6 »Keiner nannte etwas von seiner Habe sein Eigentum,
sondern sie hatten alles gemeinsam« (Apg 4,32).

Kapitel 34

Jeder erhält vom Kloster, was er braucht

1 »Jedem wurde zugeteilt,
was er nötig hatte« (Apg 4,35).
2 Entscheidend ist die BEDÜRFTIGKEIT,
keinesfalls das Ansehen der Person.
3 Wer wenig braucht, danke Gott und freue sich.
4 Wer mehr braucht,
sehe das nicht als Vergünstigung an,
sondern als Schwäche.
5 Verfährt man so, bleibt Friede in der Gemeinschaft.

6 Mit Nachdruck untersagen wir das MURREN,
in Worten, in Zeichen,
— ganz gleich in welcher Sache.

Kapitel 35

Die Dienste in der klösterlichen Gemeinschaft

1/2 Mönche sollen einander DIENEN.
Man gewinnt dadurch mehr Vollkommenheit
und mehr Mitbrüderlichkeit.
Von den Diensten innerhalb der klösterlichen Gemeinschaft
ist man nur durch Krankheit
oder andere Dienste von großer Wichtigkeit befreit.
3/13 Wer überlastet ist, erhalte einen Helfer,
damit keiner sich abrackert, verdrossen wird und murrt.
6 Grundsatz:
Alle sollen einander in der Liebe Christi dienen.

Kapitel 36

Die kranken Mitbrüder

1 Den Kranken diene man im Kloster
wie dem Herrn Jesus persönlich.
Die SORGE für die Kranken geht allem vor.
2 »Ich war krank, und ihr habt mich besucht« (Mt 25,36).
3 »Was ihr für einen meiner geringsten Brüder getan habt,
das habt ihr für mich getan« (Mt 25,40).
4 Die Kranken sollen bedenken,
daß man ihnen um Gottes willen dient.
Sie seien darum zu ihren Mitbrüdern nicht zu anspruchsvoll.
5 Ungeduldige Kranke ertrage man in Geduld.
Gott lohnt es.
6/10 Kranke dürfen in keinem Fall und in keiner Weise vernachlässigt werden.
Das sei dem Abt ans Herz gelegt.
Er trägt die Verantwortung.

Kapitel 37

Alte und Kinder

1 Schon rein menschliches Mitgefühl
neigt sich Alten und Kindern zu.
Dennoch weist die Regel mit Nachdruck darauf hin:
2/3 Man nehme in Güte RÜCKSICHT auf ihren Zustand.
Für ihr Essen (zum Beispiel)
gilt keinesfalls die Strenge der Regel.

Kapitel 38

Der Tischleser

1 Bei Tisch fehle im Kloster nie die LESUNG.
5 Man höre nur den Tischleser.

6 Was zum Essen und Trinken nötig,
sollen sich die Brüder gegenseitig ZUREICHEN,
so daß keiner um etwas zu bitten braucht.

Kapitel 39

Das Maß der Speisen

7 Vor allem muß UNMÄSSIGKEIT vermieden werden.
Niemand darf sich überessen.

8 Unmäßigkeit steht dem Christen nach Christi Wort am allerwenigsten zu:

9 »Nehmt euch in acht,
daß Rausch und Trunkenheit euch nicht verwirren« (Lk 21,34).

10 Überall achte man auf Sparsamkeit.
Mit nichts treibe man Verschwendung.

Kapitel 40

Das Maß des Getränks

1 »Jeder hat seine Gnadengabe von Gott,
der eine so, der andere so« (1 Kor 7,7).
2 Nur unter Bedenken legen wir das MASS der Kost
(und damit des Getränks) für andere fest.
5 Insgesamt achte der Obere darauf,
daß man sich nicht satt trinkt oder betrinkt.
4 Wem Gott gibt,
sich von alkoholhaltigen Getränken fernzuhalten,
der empfängt einen besonderen Lohn.
8 Wo weniger oder nichts aufzubringen ist,
soll man Gott preisen und nicht murren.
9 Das soll man sich ganz besonders gesagt sein lassen:
Nicht murren!

Kapitel 41

Die Essenszeiten

4 Die Entscheidung liegt im FÜRSORGLICHEN
ERMESSEN des Abtes.
5 Er regle und ordne alles so zum Heil
der ihm anvertrauten Mitbrüder,
daß alle ohne Grund zum Murren
das ihre tun können.

Kapitel 42

Das klösterliche Stillschweigen

1 Der Mönch sucht die Stille und schweigt,
ganz besonders aber zur Nachtzeit.
11 Ist Sprechen erforderlich,
geschehe es mit dem nötigen Ernst
und der gebotenen ZURÜCKHALTUNG.

Kapitel 43

Die Pünktlichkeit

1 Ertönt das Zeichen zum Gottesdienst,
läßt man alles liegen und stehen
und kommt SOFORT,
2 — besinnlich und ohne Hast.
3 Es gilt der Satz:
Nichts werde dem Gottesdienst vorgezogen.

Kapitel 44 — 45
Verhalten des Ausgeschlossenen;
Ahndung von Fehlern beim Chorgebet.

Kapitel 46

Die Genugtuung

1/2 Wer sich in irgend einer Weise gegen die Gemeinschaft VERFEHLT,
3 muß unverzüglich und aus eigenem Antrieb vor Abt und Klostergemeinde den Fehler offenbaren und Genugtuung leisten.
4 Die Strafe ist höher,
wird die Verfehlung durch Dritte bekannt.

5 Handelt es sich um eine Sünde,
offenbart man sie nur dem Abt
oder dem geistlichen Vater (Beichtvater).
6 Der Abt muß eigene und fremde Wunden HEILEN können,
— nicht aufdecken und bekannt machen.

Kapitel 47

Der Gottesdienst

3 Singen und vorlesen soll,
wer diesen DIENST zur »Erbauung« der Hörer erfüllt.
4 Es soll in Bescheidenheit, Besonnenheit und Ehrerbietung geschehen, — nach Weisung des Abtes.

Kapitel 48

Handarbeit und geistliche Lesung

1 Das Nichtstun schadet der Seele.
Darum:
Handarbeit und geistliche Lesung zu je festgesetzter Zeit.
7 Feldarbeit soll dem Mönch nichts ausmachen.
8 Wahre Mönche leben wie die Mönchsväter und die Apostel von ihrer Hände ARBEIT.
9 Wegen der Kleinmütigen achte man auf das rechte Maß.

15 Für die Fastenzeit erhält jeder Mönch aus der Klosterbibliothek ein Buch.
Das soll er ganz lesen.
18 Man achte streng darauf,
daß kein Mitbruder im Kloster gammelt, müßig ist,
herumschwatzt
und die geistliche LESUNG nicht hält.
Das schadet ihm und hindert die anderen.
23 Gleichgültige und Faule,
die nicht Psalmen lernen oder geistliche Lesung halten (können oder wollen),
beschäftige man mit Handarbeit,
damit sie nicht untätig sind.
25 Der Abt muß auf die (körperliche) Schwäche der Mitbrüder Rücksicht nehmen.

Kapitel 49

Die Fastenzeit

1 Das Leben des Mönchs ist an sich »Fastenzeit«.
2 Nur wenige haben die Kraft dazu.
Darum sollen alle wenigstens in der Zeit der vierzigtägigen Fasten
ein Leben der Strenge führen.
3 In dieser Zeit soll man sich
von allen Nachlässigkeiten des Jahres REINIGEN.
4 Das aber heißt:
sich vor seinen Fehlern hüten,
fest beten,
geistliche Lesung halten,
die Fehler mit dem Herzen einsehen und bereuen,
sich in Speis und Trank merklich zurückhalten.

5 In der Fastenzeit wollen wir also unserem gewöhnlichen Mönchsdienst einiges HINZUFÜGEN,
— an Gebet und Opfer.
6 Jeder bringe aus eigenem Antrieb
»mit der Freude, die der Heilige Geist gibt«
(1 Thess 1,6),
ein Opfer dar:
7 Man entziehe sich etwas an
Essen, Trinken, Schlaf,
Gespräch, Scherzrede.
Man erwarte in geistlicher Sehnsucht und Freude das Osterfest.

8 Was einer an Fastenwerk tun will,
zeige er im voraus dem Abt an.
Es geschehe nur mit seinem Segen,
mit seiner ZUSTIMMUNG.
9 Was ohne Erlaubnis geschieht,
ist Anmaßung und Eitelkeit,
— nicht aber Verdienst.
10 Man tue überhaupt nichts ohne Wissen des Abtes.

Kapitel 50-51
Gebet und Mahlzeiten außerhalb des Klosters.

Kapitel 52

Die Klosterkirche

1 Im Kloster ist ein eigener Raum nur für den Gottesdienst, nur für das Gebet.

2 Nach dem Gottesdienst gehen alle schweigend hinaus, in Ehrfurcht,

3 damit nicht ein Mitbruder, der für sich allein beten will, gehindert wird.

4 Will einer still für sich beten,
trete er einfach ein und bete,
— mit Gemüt und HERZ.

Kapitel 53

Die Gäste des Klosters

1 Gäste nehme man im Kloster auf wie Christus selbst.

»Ich war fremd und ihr habt mich aufgenommen« (Mt 25,35).

2 Jedem erweise man die gebührende Ehre.
Besonders kümmere man sich um Geistliche, Mönche und Pilger.

3/6 Der Gast wird begrüßt und verabschiedet, wie Christus selbst,
in aller Demut.

8-10 Man betet mit dem Gast,
liest ihm aus der Heiligen Schrift vor,
ißt mit ihm,
bricht seinetwegen sogar das Fasten.
In allem sei man ein aufmerksamer GASTGEBER.

15 Arme und Pilger seien dem Kloster die liebsten Gäste.
In ihnen kommt der Herr im wahrsten Sinn selbst.

23/24 Nur mit Erlaubnis geselle man sich zu den Gästen und rede mit ihnen.
Man grüßt sie höflich.
Das genügt.

18-20 Für den Gastmeister und alle anderen ÄMTER gilt:
Man diene ohne Murren.
Man erhalte Helfer, wo nötig,
und helfe selbst, wo möglich.

22 Alles im Kloster werde von Weisen weise verwaltet.

Kapitel 54

Das Nehmen und Geben von Geschenken

1 Es ist dem Mönch unter keinen Umständen erlaubt,
ohne Genehmigung des Abtes
von Verwandten oder Dritten
Post, fromme Dinge und noch so kleine Geschenke
anzunehmen oder abzugeben.

2/3 Annehmen darf man nur mit Wissen des Abtes.
Der Abt bestimmt auch, was mit den Sachen geschieht.

4 Darüber sei man NICHT TRAURIG.
Der Teufel soll sich nicht auf diese Weise in das Kloster einschleichen können.

Kapitel 55

Die Kleidung im Kloster

1 Die Kleidung entspreche der Lage und dem Klima des Ortes.
2 In kalter Gegend braucht man mehr,
in wärmerer entsprechend weniger.
3 Darauf achte der Abt.
7 Über Farbe und Stoffqualität soll man sich nicht aufhalten.
Man nehme, was vorhanden,
oder, was billiger zu beschaffen.
8 Der Abt sehe darauf, daß die Kleidung auch paßt.
9-12 Erhält man Neues, gibt man das Alte ab.
Was ÜBERFLÜSSIG, muß entfernt werden.
13/14 Außerhalb des Klosters trage man etwas bessere Kleidung als gewöhnlich.
15 Das Bettzeug sei einfach.

16 Keiner darf SONDERBESITZ haben.
17 Darauf steht schwere Strafe.
18 Das Laster des Sonderbesitzes muß mit der Wurzel ausgerottet werden.
Der Abt gebe darum alles,
was man als Mönch braucht.
19 Kein Vorwand sei möglich, Sonderbesitz zu halten.
20 »Jedem wurde zugeteilt, was er nötig hatte« (Apg 4,35).

21 Maßstab ist die Bedürftigkeit der Schwachen, nicht die Mißgunst der Neidischen.
22 Der Abt denke bei allen seinen Entscheidungen an Gottes Vergeltung.

Kapitel 56
Der Abt soll mit Gästen und Pilgern essen.

Kapitel 57

Die Handwerker des Klosters

1 Wem der Abt ein Handwerk erlaubt,
der übe es in Demut aus.
2/3 Wer STOLZ ist auf sein Können und auf die Einkünfte,
die das Kloster durch ihn erzielt,
den lasse man etwas anderes arbeiten.

4 Beim Verkauf handwerklicher Erzeugnisse
hüte man sich vor Unredlichkeit.
5/6 Wer mit Klostergut betrügt,
erleidet großen Schaden an seiner Seele.
7/8 Um dem Laster der HABSUCHT zu entgehen,
verkaufe man immer etwas unter dem üblichen Preis.
9 »So wird in allem Gott verherrlicht« (1 Petr 4,11).

Kapitel 58

Die Aufnahme ins Kloster

1 Wer ins Kloster gehen will,
dem soll man es vom Kloster aus nicht leicht machen.
2 »PRÜFT die Geister, ob sie aus Gott sind« (1 Joh 4,1).
3 Bleibt einer beharrlich,
erträgt er geduldig alle Geringschätzung
und alle Schwierigkeiten des Eintritts,
besteht er auf seiner Bitte,
4 dann lasse man ihn ein.
Er bleibt zunächst in der Gästewohnung.
5 Dann kommt er zu den anderen Novizen.
Er wohnt und ißt mit ihnen
und übt sich mit ihnen in das klösterliche Leben ein.

6 Ein erfahrener Mönch
widme sich mit großer Sorgfalt den Novizen;
einer, der Seelen zu Gott hinführen kann.
7 Die entscheidenden FRAGEN sind:
Sucht der Novize wirklich Gott?
Zeigt er Freude und Eifer am Gottesdienst?
Hat er Sinn für Gehorsam?
Erträgt er die im Klosterleben auftretenden Schwierigkeiten
in rechter Weise?

8 Man belehre ihn im voraus
über die ganze Härte und Mühseligkeit
des klösterlichen Weges zu Gott.
9 Erklärt der Novize sich bereit auszuhalten,
so lese man ihm nach zwei Monaten die ganze Regel vor.
10 Man sage dazu:
»Das nun ist unsere Weise,
den guten KAMPF zu kämpfen.
Kannst du unsere Regel befolgen, — dann komm.
Kannst du es nicht, — dann geh.«
11 Bleibt der Novize fest,
so erprobe man ihn weiter in aller Geduld.
12 Nach sechs Monaten lese man ihm die Regel wieder vor,
damit ihm ganz klar wird,
wozu er sich entschließen will.
13 Bleibt er fest,
lese man ihm die Regel nach vier Monaten nochmals vor.
14 Hat sich der Novize alles reiflich überlegt,
hat er versprochen,
alles zum klösterlichen Leben Erforderliche
zu beobachten
und in jedem Fall gehorsam zu sein,
dann werde er als Mönch in das Kloster aufgenommen.
15/16 Von diesem Tag an darf er
weder das Kloster verlassen
noch die Regel gering achten.
Lang genug konnte er sich überlegen,
das Joch von sich zu weisen oder auf sich zu nehmen.

17/18 Die Aufnahme geschieht in der Klosterkirche.
In Gegenwart aller,
vor Gott und den Heiligen,
verspricht er:
BESTÄNDIGKEIT im Kloster,
LEBEN ALS MÖNCH nach dieser Regel,
GEHORSAM.
Handelt er je anders,
wird ihn der richten,
den er durch Bruch des Versprechens zum besten hält.
19 Über sein Versprechen fertige er ein Schriftstück.
20 Er schreibe es eigenhändig.
Er lege es mit eigener Hand auf den Altar
21 und spreche:
»Nimm mich auf, o Herr, nach deinem Wort
und ich werde leben,
und laß mich nicht zuschanden werden in meiner Hoffnung.«
23 Er erweise darauf jedem seine Ehrerbietung
und bitte um's Gebet.
Von diesem Tag an ist er Mönch des Klosters.

24 Vermögen verteile er vorher an die Armen
oder schenke es dem Kloster.
Sich selbst aber darf er NICHTS VORBEHALTEN.
25 Über nichts mehr darf er eigenmächtig verfügen;
nicht einmal mehr über seinen Leib.
26 Er erhält die Kleidung des Klosters.
27 Seine eigenen Sachen werden aufbewahrt.
28 Verläßt er das Kloster,
den Einflüsterungen des Teufels nachgebend,

ziehe man ihm die Sachen des Klosters aus
und seine eigenen an.
29 Das Schriftstück über sein Versprechen verbleibt
im Kloster.

Kapitel 59
Aufnahme von Kindern ins Kloster.

Kapitel 60

Die Aufnahme von Priestern ins Kloster

1 Bittet ein Priester um Aufnahme ins Kloster,
so willige man nicht schneller ein als bei anderen.
2/3 Bleibt er bei seinem Wunsch,
so muß er, — wie alle —,
die Regel in ihrer ganzen STRENGE halten,
ohne Ausnahme.
»Freund, wozu bist du gekommen?« (Mt 26,50)
5 Er gebe allen ein Beispiel an Demut.
6/7 In Angelegenheiten des Klosters
nimmt er den Platz ein,
der ihm seinem Eintritt nach entspricht.

8 Das alles gilt auch für Diakone.
9 Alle müssen ein VERSPRECHEN
über die Beobachtung der Regel
und Beständigkeit im Kloster ablegen.

Kapitel 61
Aufnahme fremder Mönche ins Kloster.

Kapitel 62

Priester aus der Klostergemeinde

1 Will der Abt einen aus seinem Kloster
zum Priester oder Diakon weihen lassen,
so wähle er einen aus, der zu diesem Amt würdig ist.
2 Der Geweihte sei nicht überheblich und stolz.
3 Er tue nur, was ihm vom Abt aufgetragen.
Gerade er muß sich der ORDNUNG der Regel noch mehr fügen.
4 In Regeltreue und Regelstrenge
schreite er immer mehr auf Gott zu.
5/6 Er hat im Kloster den Platz,
der seinem Eintritt entspricht,
außer am Altar und wegen würdigen Lebenswandels.
7/8 Handelt er gegen die Ordnung,
so gelte er nicht als Priester, sondern als Rebell.
9-11 Bessert er sich trotz Abmahnung nicht,
ist er widerspenstig, ungehorsam, gegen die Regel,
so werfe man ihn aus dem Kloster,
wenn seine Schuld offenkundig ist.

Kapitel 63

Die Rangordnung im Kloster

1 Die RANGORDNUNG im Kloster wird festgelegt
durch die Zeit des Eintritts,
durch würdigen Lebenswandel,
durch Entscheidung des Abtes.
2 Der Abt darf keine ungerechte Verfügung treffen.
3 Vor Gott muß er für alle Entscheidungen und Taten
Rechenschaft ablegen.
5 Über die Rangordnung entscheidet keinesfalls
das natürliche Alter.
6 Man bedenke:
Samuel und David, obgleich noch jung,
hielten Gericht über die Alten.
8 Ebensowenig sind weltliche Würden ein Maßstab.

10 Die Jüngeren sollen die Älteren ehren.
Die Älteren sollen die Jüngeren wertschätzen.
11/12 Die Älteren nennen die Jüngeren »Bruder«.
Die Jüngeren nennen die Älteren »Ehrwürdiger Vater«.
13 Der Abt wird »Herr« und »Abt« genannt.
Der Glaube sieht ihn im Kloster an Stelle Christi handeln.
Das maßt er sich nicht selbst an.
Man ehrt und liebt in ihm Christus.
14 Das aber bedenke der Abt
und verhalte sich dieser Ehre entsprechend.

15-17 Die Mitbrüder sollen sich untereinander so verhalten,
wie geschrieben steht:

> »Übertrefft euch in gegenseitiger ACHTUNG« (Röm 12,10).

Kapitel 64

Die Einsetzung zum Abt

1 Grundsatz:
Zum Abt wird bestellt,
wen die Klostergemeinde in Gottesfurcht einmütig oder ein Teil der Klostergemeinde besonnen und klug in rechter Absicht wählt.
2 Entscheidende Kriterien sind LEBENSWANDEL und LEHRWEISHEIT,
nicht die Stelle in der klösterlichen Rangordnung.
3-5 Wenn die Klostergemeinde sich einen wählt,
der mit ihren Fehlern einverstanden ist,
sollen der Bischof, die anderen Äbte, die Christen in der Umgebung
eingreifen und sich um einen würdigen Abt bemühen.
Das Haus Gottes braucht einen würdigen Vorsteher.

7 Der Abt denke immer an die Bedeutung seines Amtes
und die RECHENSCHAFT, die Gott von ihm fordern wird.
8 Er soll mehr vorsehen als vorstehen.
9 Er muß das Wort Gottes kennen
und es anzuwenden wissen.
Er muß selbstlos, beherrscht und barmherzig sein.

10 Immer lasse er Barmherzigkeit dem strengen Recht vorgehen.
Dann wird Gott auch mit ihm so verfahren.
11 Die Fehler der Brüder verabscheue er.
Die Brüder selbst schätze er hoch.
12 Im Zurechtweisen halte er klug Maß,
um nichts zu zerbrechen.
13 Seine eigene Gebrechlichkeit habe er vor Augen.
Und so breche er das geknickte Rohr nicht ab.
14 Dennoch:
Fehler darf er nicht noch nähren.
Er rotte sie aus, klug und schonend,
wie es der Einzelfall verlangt.
15 Es sei dem Abt daran gelegen,
mehr geliebt als gefürchtet zu sein.
16 Der Abt sei nicht zerfahren und ängstlich.
Er sei nicht maßlos in seinen Anforderungen
und nicht verbohrt.
Er sei nicht übereifrig und argwöhnisch. Sonst kommt er gar nie zur Ruhe.

17 Die Anweisungen des Abtes seien umsichtig und wohlüberlegt.
Er wisse zu unterscheiden und Maß zu halten:
18 »Wenn ich meine Herden auf dem Marsch überanstrenge,
so gehen sie alle an einem Tag zugrunde«,
sagt der Patriarch Jakob (vgl. Gen 33,13).
19 Weise MÄSSIGUNG,
die Mutter der Tugenden, leite ihn,
damit im Kloster gefunden wird,

was die Starken suchen
und was die Schwachen nicht verjagt.
20 In allem soll der Abt diese unsere Regel einhalten,
21 damit ihn der Herr nach guter Verwaltung
als guten Verwalter belohnt.

Kapitel 65

Der Prior des Klosters

11 Zur Sicherung des Friedens und der Liebe
in der Klostergemeinde bestimmen wir,
daß der Abt alle Ämter im Kloster
nach seinem Ermessen besetzt.
14/15 Erfordern es die Verhältnisse,
so bestelle der Abt einen Prior,
den er mit dem Rat gottesfürchtiger Brüder auswählt.
16 Der Prior soll die Aufträge des Abtes recht AUSFÜHREN
und nichts gegen Willen und Anordnung des Abtes tun.
17 Denn:
Je höher einer über den anderen steht,
desto sorgfältiger muß er unsere Regel beobachten.
18-20 Ist der Prior voller Fehler,
ist er überheblich und stolz,
ein Verächter der Regel,
so werde er zurechtgewiesen,
dann bestraft und schließlich abgesetzt.
22 Der Abt aber hat
alle seine Entscheidungen vor Gott zu verantworten
und hüte sich vor Neid und Eifersucht.

Kapitel 66

Der Pförtner des Klosters

1 Der Pförtner sei ein gereifter, verständiger, weiser, ÄLTERER BRUDER.
4 Auskünfte erteile er in aller Bescheidenheit, Gottesfurcht und Liebenswürdigkeit.

6 Wenn möglich, sollen alle erforderlichen Wirtschaftsbetriebe innerhalb des KLOSTERBEREICHS sein.
7 Dann brauchen sich die Mönche nicht außerhalb des Klosters aufhalten,
was der Seele des Mönches eher schadet als nützt.

8 Diese unsere REGEL
soll in der Klostergemeinde immer wieder vorgelesen werden,
damit sich niemand mit »Unkenntnis« entschuldigen kann.

Kapitel 67
Anweisung für Mönche auf Reisen.

Kapitel 68

Der Gehorsam in schwierigen Sachen

1 Hat ein Bruder den Eindruck,
daß ihm Schweres oder Unmögliches aufgetragen wird,
so höre er den Oberen vorab in Ruhe und Gehorsam an.
2 Wird ihm gewiß, daß der Auftrag ihn überfordert,
lege er dem Oberen seine Gründe sachlich und geduldig dar,
3 keinesfalls aber überheblich, trotzig,
in offenem Widerspruch.
4 Bleibt nach Anhörung der Obere bei seiner Entscheidung,
gehe der Mönch an die befohlene Sache heran
5 und GEHORCHE aus Liebe,
im Vertrauen auf Gottes Hilfe.

Kapitel 69

Keine Parteienbildung im Kloster

1 Man sehe vor,
daß im Kloster kein Mönch sich herausnimmt,
den VERTEIDIGER oder VORMUND zu spielen.
3/4 Daraus entsteht gern schweres Ärgernis.

Kapitel 70

Keine Eigenmächtigkeit im Kloster

1 Man gebe im Kloster keine Gelegenheit zu EIGENMÄCHTIGKEITEN.
2 So ist es niemand erlaubt,
andere eigenmächtig zu strafen.

Kapitel 71

Der gegenseitige Gehorsam im Kloster

1 Die Mitbrüder sollen auch einander gehorchen,
2 denn:
Auf dem WEG des Gehorsams kommt man zu Gott.
3 Anweisungen der Oberen haben immer den Vorrang.
4 Im allgemeinen sollen die Jüngeren den Älteren
in aller Ehrerbietung und Bereitschaft gehorchen.
5 Streitsüchtige weise man zurecht.
6 Wird ein Mitbruder von einem Älteren zurechtgewiesen
7 oder erkennt der Mitbruder,
daß der Ältere mit ihm unzufrieden ist,
8 so suche er alsbald, mit dem Älteren ins Reine zu kommen.
9 Wer das aus Geringschätzung des Älteren unterläßt, wird bestraft.
Zeigt sich einer ganz unbeugsam, werde er aus dem Kloster ausgestoßen.

Kapitel 72

Vom rechten Eifer der Mönche

1 Böser, bitterer Eifer trennt von Gott und führt zur Hölle.
2 Guter Eifer führt von der Sünde weg,
hin zu Gott und zum ewigen Leben.
3 Dem guten Eifer sollen die Mönche sich mit ganzem Herzen zuneigen.
4 »Übertrefft euch in gegenseitiger Achtung« (Röm 12,10).
5 Auf dem Weg zu Gott sollen die Mönche ihre körperlichen Schwächen
und ihre charakterlichen Unvollkommenheiten
in allergrößter Geduld aneinander ertragen lernen.
6 Sie sollen sich im gegenseitigen Gehorsam überbieten.
7 Keiner suche, was ihm allein nützt.
Jeder suche, was dem anderen weiter hilft.
8 Brüderliche Liebe werde in UNEIGENNÜTZIGKEIT erwiesen.
9 Gott sollen die Mönche in aller Liebe fürchten.
10 Dem Abt sollen die Brüder aufrichtige und demütige Wertschätzung zeigen.
11 Christus dem Herrn sollen die Mönche nichts vorziehen;
12 er führe uns zum ewigen Leben.

Kapitel 73

Schlußwort der Regel

1 Diese Regel haben wir abgefaßt,
damit durch ihre Beobachtung
der Weg zum MÖNCHWERDEN
und der Anfang eines klösterlichen Lebens möglich sind.
2 Wer darüber hinaus
zur Vollkommenheit klösterlichen Lebens drängt,
der lese die Lehren der heiligen Mönchsväter.
3 An sich genügt die Heilige Schrift
als Richtschnur für das menschliche Leben.
4 Weiter geben Maßstäbe
die Lehren der Kirchenväter
5 und die Werke über die alten Mönche,
samt den Regeln, die unser heiliger Vater Basilius der Große den Mönchen im Osten gegeben hat.
6 Allda steht geschrieben,
was ein Mönch tun muß,
der recht leben und gehorsam sein will.
7 Wir aber erkennen unsere Schwerfälligkeit
auf dem Mönchsweg:
Böse sind wir und nachlässig.
Schamrot müssen wir werden.

8 Du nun hast dir vorgenommen,
zum himmlischen Vaterland zu eilen,
in der Art und Weise eines Mönchs.

Verwirkliche zunächst mit Hilfe des Herrn
diese bescheidene Regel,
die wir für Anfänger geschrieben haben.
9 Dann schreitest du fort
zu tieferer EINSICHT in die Lehre
und zu größerer Tugend.
Das gebe Gott.

Amen.

Schlagwort-Register

Zitierweise: Pr 1 bedeutet Prolog (Vorwort), Vers 1;
3,6 bedeutet Kapitel 3, Vers 6.